전망 2013

詩

느슨한 저녁

김경식 외

전망 2013

詩

느슨한 저녁

김경식 외

다시올

전망 2집 『느슨한 저녁』 펴는 글

발자국과 그리움의 기록

세월 참 빠릅니다.

하루 스물네 시간이 짧다 했더니 어느샌가 계절이 오고 가고 또 속절없이 일 년이 훌쩍 지나 버렸습니다.

늘 그래 왔듯이 세밑이 되면, 빈말이 되고 만 새해 다짐과 쓸쓸한 겨울바람이 손에 쥔 것의 전부입니다.

종당從當에는 하룻밤의 꿈결 같은 한 생애가 너무 허망虛妄하여서, 무어라도 남은 것이 없을까 빈 주머니를 거푸 걸터듬게 될 지도 모릅니다.

글을 쓴다는 것은 재우쳐 지나가는 시간의 걸음을 잠시 붙잡아두는 일입니다.

다만 한 쪼가리일지라도 오늘 나의 발자국과 그리움을 기록하는 일입니다.

시가 되었든 수필이 되었든 그 한 편 한 편의 글이 쌓여서 나의 역사가 되고 이 땅을 다녀간 대견한 증거가 될 것입니다.

『느슨한 저녁』은 우리 다시올작가회「전망」의 두 번째 자취입니다.

비록 더딘 발걸음이지만 지치지 않고 길을 가다 보면 먼 훗날, 2013년 그때 우리는 어디쯤에 서 있었고 무엇을 꿈꾸고 있었는지, 그리고 우리는 서로에게 어떤 의미였는지를 가늠해 보는 중요한 자료가 될 것입니다.

「전망」의 가없는 발전을 기원하면서 옥고를 주신 동인들과 우리가 문학의 바다에서 마음껏 헤엄칠 수 있게 도와주신 부천시(문화예술진흥기금)에도 감사의 말씀을 드립니다.

2013. 12.

김경식

▪차례

느슨한 저녁

다시올

전망동인

수필

다시올

김동호 고창수 배인환

김두환 박승미 김기산

이영식 황경식 유희봉

임형신 송기남 김경곤

김영은 김병화 고경숙

마경덕 나석중 권미자

안갑선 최명심 김성수

신현복 최을원 온형근

윤준경 마상렬 문춘식

송희복 공태명 김학란

송연주

엄마의 젖

김 동 호

일제 말기 젖샘 마른
엄마의 젖 먹으며 자란 아이
크면서 맛있는 것은 다
엄마의 젖이었다

혀끝 간질이는 따끈한
수제비가 엄마의 젖이었다
설날 아침 떡국 야들야들한
떡처름*이 엄마의 젖이었다
가마솥에서 막- 엉기기 시작하는
순두부가 엄마의 젖이었다

팥고물 인절미, 대추 찰떡--
찰진 것은 다 엄마의 젖이었다

커서 아지랑이 봄 동산
아카시아 꽃길에서 만난
소녀의 입술이 엄마의 젖이었다

*뜨거운 떡국 속의 떡 조각 한 개

김 동 호

1975년 《현대시학》 등단, 군포문인협회 회장 역임, 성균관대학교 명예교수, 시울문학 편집고문, 성균문학상, 2007년 시인들이뽑는시인상 수상. 시집 『꽃』『시산일기』『五弦琴』『배꼽음반』 외 6권, kimdongho66@hanmail.net

그림자

고 창 수

느닷없이 길을 막는 낯선 그림자,
얼굴 그림자가 간담을 서늘하게 한다.
우리 존재存在에 붙어 있는 낙인烙印처럼
그림자는 우리를 따라다닌다.
그림자가 우리의 뒤꿈치를 밟기도 하고
우리가 그림자의 뒤꿈치를 밟기도 한다.
때론 그림자는 벌판에 소용돌이치다 없어지는
사람의 목숨을 닮는다,
시간時間처럼 소리도 모습도 드러내지 않는다.
우리가 골목을 들어서면
저만치 골목 끝에서 사라질 때도 있다.
여러 색깔을 섞으면 흰색이 되듯
있는 것과 없는 것을 섞으면
그림자가 될 법도 하다.
그렇다면 그림자는 존재와 비존재를
대결對決시키는 그 어떤 중간자中間子인가.

고 창 수

성균대영문과. 동대학원 문학박사, 1965년《詩文學》등단, 영상작가, 시집 『파편줍는 노래』『산보로』『씨네포엠』『사물들, 그 눈과 귀』외 4권, 영역시선집『한국대표 100인 영역시선』외 번역시집 다수, 한국번역문학상, 시인들이 뽑는 시인상, 루마니아국제시축제대상, kochangsoo@hanmail.net

흙벽

배 인 환

인사동에 가서
비로소 흙벽을 보았다.

농촌에서도 거의 사라진 흙벽
무너진 담배건조장은
초가보다 훨씬 높았다

미루나무에 까치집이 열리고
보릿고개에는 은하가 부엌문에 가기를 기다렸다

흙벽을 배경으로
연잎, 들꽃, 목화가 조화로웠다.

자세히 보면 살갗의 빛깔이다
지푸라기들이 실핏줄처럼 연결되어 있다
거미줄도 처져있다.

이른 아침
거미줄에 맺힌 이슬을 보았다

배 인 환

성균관대학교영문과 졸업 《현대시학》으로 등단, 저서로 김구용평전 『완화초당의 그리움』이 있으며 시집 『꽃다지와 느티나무』 외 4권. 수필집 『아버지의 원두막과 어머니의 유품』 외 2권. 성균관문학상을 수상 했다.
ihb11@hanmail.net

월정사

김 두 환

일주문 지나 깐닥깐닥
절간 안으로 한참 들어가니
목탁 소리 소리 길바로 안내한다

얼김 똥줄 가라앉고

세상 선문旋紋 스르르 사라지는데

대웅전 앞에선
눈물이 깍듯이 맞이하네

한낮이건만 안타까웠는지
별빛도 내려와 더 가르치므로

여기저기 귀재고 있던
꾸민족두리 마님과 거드름쟁이 잔풀내기와
구미호九尾狐 모방색模倣色들도 훔치며
벌벌 끄덕끄덕 떠나네

세상 물색들 한맘으로
묵도에 깊이 젖어드네

김두환

성균관대학교약학과 졸업, 《조선문학》 등단, 시집 『읊는 가락에 영그는 그리움』 『가을비 박람회』 외5권, 시선집 『무지개 머금은 들국화』 『속소리는 더 절절하여』 외, 한글문화연구회 이사, 제2회 영랑문학상(시) 성균관문학상 수상.

탑

박 승 미

가물가물 보이는
아버지의 그림자 같다

합장하고 되돌아서려는데
큰 산처럼 등 뒤로 와
무등을 태워 주시니
산이 울리도록 큰 소리로
'아버지'
하고
불러 보고 싶었다

검버섯이 덕지덕지 낀
익산 미륵사지는
하늘을 이고
나는 그 탑을 이고
예까지 와 있다.

박 승 미

1987년《현대시학》등단, 제 3회 문학과 창작 작품상수상
시집 『너는 모과다』『완전한 포옹』『마음 心』『그림과 놀다』
mogoa3@hanmail.net

오지奧地 산막

김 기 산

걱정하지 말게나
이 오지奧地 산막이 나에게는
다시없는 엄마 품이네

방 안까지 달빛 들이고 사니
내 어지럼증도 점차 나아지겠지
발걸음 흔들리고
한참씩 눈 뜨지 못하는 현기증도
개울물에 헹구고
머릿속 소음들 한 줌씩 흘려보낸다네

도피랄 게 뭐 있나
세상 낯설어 지면서
혼탁한 웃음들 피해 온 곳인데
저녁 풀벌레 소리에
가슴 굳은살 빠지고 있다네

김 기 산
월간 《문예사조》 등단, 서울 서문여중 교장 역임,
성균관문학상 수상, 시집 『노을을 베끼다』
kh4263@hanmail.net

햇살론*

이 영 식

햇살은, 해의 살입니다

빛의 속도로 일억사천구백만 ㎞를 날아온
해의 살을
비와 바람에 섞어 마시고 지상의 초록이 자랍니다
꽃 피우고 열매를 맺어 내놓습니다

이 한 수저의 밥알도
햇살 받아먹고 여물었으니
우리는 지금 해의 살을 씹고 있는 것
해의 피톨을 삼키고 있는 것

보세요!
재기를 꿈꾸는 사람들에게
해의 살은 또 다시 옵니다
햇살론에 실려 한 줄기 빛으로 옵니다

부디, 빛이 빚이 되지 않기를…

* 대부업 등에서 30-40%대 고금리를 부담하는 저신용, 저소득 서민에게 10%대 저금리로 대출해주는 서민대출 공동브랜드

이 영 식

경기도 이천 출생, 2000년 《문학사상》 등단, 시집 『공갈빵이 먹고 싶다』 『희망온도』 『휴休』, lys-poem@hanmail.ne

붕어빵

황 경 식

힘없이 풀어진 몸을 달아오른 틀에, 조금씩 밀어 넣는다. 녹슨 기억이 천천히 녹아 흐르는 붉은 팥숙불이여

세상의 바깥을 헤매던 지느러미가 타고 있었다. 번쩍이지 않는 비늘을 익히며 어리석게 부풀어 오르는 쓸쓸한 허리. 간구하는 듯 입을 다물고 눈을 감고

피하고 싶은 예감과 비린내 나지 않는 열정이 아가미도 없는 식도를 지나 어둡고 긴 창자 속으로 흘러 들어간다. 생각이 많은 가시들은 모두 어디로 갔을까. 울음도 몸부림도 아주 잊어버렸다. 출구出口를 찾는 것은 너무 힘든 일이어서

차라리 불길 뜨거울수록 더욱 바삭거리며 단단한 머리뼈부터 그대 입술 속으로 녹아내리리. 저 밑을 알 수 없는 목구멍, 바닥까지 내내 소리 없이 떨어지리.

황 경 식

1994년《현대시학》으로 등단
시집『실은, 누드가 된 유리컵』
hks99a@naver.com

초가집

유 희 봉

나비가 되고 싶어
고향으로 가네
춤추는 나비가 되어
자운영 꽃밭 흐드러진
앞들에 가고 싶어

꽃이 되고 싶어
들로 가네
사랑이 그리워
가을 하늘 구름으로 가네

꽃이 되고 싶어
나비가 되고 싶어
고향 마을 작은 초가집
주인이 되고 싶어

유희봉

1993년 《현대시》 등단, 2013년 《다시올문학》 소설등단, 현대시회 동인회장 역임, 호서대학 평생교육원 외래 교수, 시집 『여명(黎明)에의 來日』 『녹슨 안경을 닦으며』 『언어의 꽃 』 외 3권, 산문집 『행복한 샘물』 시 창작집 『시를 써야 미래를 쓴다』 소설집 『하얀 까마귀』, 예술총연합회상(시 부문)수상, ssammull@naver.com

늦봄, 대추나무

임 형 신

살아 돌아온 새들이
가시나무 끝에 앉아 있다
살아 있는 것마다 화간和姦을 꿈꾸는
부활의 아침
잎도 꽃도 없이 가시만 잔뜩 안고 서 있는 너는
골고다 언덕의 예수처럼 마르고 단단한 얼굴이다
오늘은 발이 붉은 머슴새가
가지 끝에서 피나게 울다 간다
꽃들이 달려오는 몽환의 거리에
가시 막대 들고 졸음을 쫓으며
성성하게 서 있는 늦봄 대추나무
어느 날 마른 등가죽 찢고 나오는
새 움 한 줌 틔우려고
행렬의 맨 뒤를 따라오고 있다
봄이 다가도록 오지 않는
대추나무의 봄

임 형 신
전북 정읍 출생
2008년 《불교문예》 등단.
yim924@hanmail.net

탄생

송 기 남

태고의 울음
그것은 축복이었다
시내가 강, 강이 바다였다
그 속에 내가 있었고
맑고 밝고 희었다

굉음의 놀램 변화가 왔다
빠른 물살에 묻혀 순간에 오고 갔다
지나간 것은 소경이 본 것이고
스쳐간 소리는 귀머거리가 들은 것
소경에서 귀머거리로 진화된 것이다

빠르게 천천히 마음먹기에
혼자만이 아닌 기쁨을 함께 나누고
기쁨이 기쁨으로 승화되는 날
행복한 나눔의 꿈이 탈피되어
온전한 몸이 되리라

송 기 남

서울출생, 《서러벌문예》 신인상, 2011년 한국을 빛낸 자랑스런 한국인대상 수상, (사) 한국녹색디자인개발협의회 회장, 한국직업전문학교이사장, 대한상공회의소 이사, 시집『행복찾기』 koca7@hanmail.net

지천명

김 경 곤

정신없이 바쁘다 육체도 정신도 몽롱한 것이
일상 자체가 몽환적이다
밤늦게 닭장을 도는데 개들이 짖는다
쇠파리 한 마리가 덩달아 달려든다
고개 돌리고 손사래 쳐도 막무가내 등 쪽의 옷을 뚫고
깔끔하게 한방 쏜다 일을 멈추고 팔을 휘둘러 본다

개 중에는 명견, 충견, 변견 등
갖가지 다 있다더니 내게 찾아온 개
농장의 장군이 누렁이는 아니다.
윽 어깨가 아프다 왼쪽 어깨도 올려 본다
쇠파리도 아니, 개도 아닌
누구도 자유롭지 못한
나, 이상한 개에 물렸다

김 경 곤

2004년 《농민문학》 시부문 우수상
시산맥상 수상, 시집 「황동부전나비의 비상」
kyungkonk@naver.com

어미

김 영 은

미지의 길 떠나는 아들
몇 천 마일 너머로 훌쩍 날려 놓고
얼마나 험할지 짐작도 안 돼
깃털처럼 부서져 내리는 슬픔
낙관 찍어 가슴에 봉인해 두었지

공황기를 맞은 빈자리
옆구리 허전함이 매워지기도 전
쿠카버라*의 울음소리에
울컥, 기분 좋아지는 나는
어쩔 수 없는 母다.

* 사람의 웃음소리 같이 우는 호주의 토종새

김 영 은

단국대학교 요업공예학과 졸업,
2003년 월간《시사문단》등단,
동인시집『어떤 초상화의 모티브』가 있다.
도서풀판 다시올 대표이며 다시올문학 발행인
maxim3515@naver.com

구름과 별

김 병 화

유난히도 별빛 선명한 밤하늘 올려다보다가
문득 구름과 별 생각 했지요
맑고 푸른 하늘 바람 따라 이곳저곳 떠돌다가도
목말라 부르짖는 땅의 외침 나 몰라라 할 수 없어
있는 물 없는 물 다 끌어 모아 송두리째 쏟아 붓는
그 자유함과 자기 비움의 자리에
웬 별빛 그다지도 아름답고 영롱한지요
구름 열반한 자리에 사리舍利 별 흩뿌리기나 하듯 말이죠
어둑어둑- 해거름 져
구름의 한낮 생애 어느덧 마치고나면 말이죠.

김 병 화

서울대학교 미술대학 졸업
1988년 〈문학의 시대〉 등단
시집『내 피곤한 영혼을 어디다 누이랴』,『밀집 광배 예수』
이콘(ICON)집 십자가와 피뢰침』 산문집『봄 그리고 봄 』

묵시적 갱신*

고 경 숙

비용을 지불하지 않아도 흔쾌히
계절이 바뀌었다
삐그덕거리는 목뼈에 잇댄
척추를 사다리 삼아
끈질기게 오르내리던 저녁은
올들어 이백 번째 나를 방문했다
고용하지 않아도
내 곁을 지켜주는 것들은
주로 호불호가 분명한 장기거주자들,
오른쪽 새끼손가락에 걸고 간
오래된 언약과
폭우에 건네받은 우산 한 자루,
봉숭아 짓이기며 엄마가 감아 주던
하얀 실타래
십 년은 족히 지났을 커튼자락 너머로
울며 웃던 하늘빛
그리고
가끔은 넋 나가는 내 기억력

이 쨍쨍한 여름날,

너희를 허하노라.

* 임대인과 임차인의 의사표현없이 임대기간이 만료되면 계약이 자동으로 연장됨.

고 경 숙

계간 《시현실》 신인문학상으로 등단, 수주문학상 우수상, 두레문학상 수상, 2011경기도 예술인상, 2012희망대상-문화예술부문, 수주문학상 운영위원 ,예총 기획위원, 다시올문학 편집위원, 시집 『모텔 캘리포니아』, 『달의 뒤편』, 『혈穴을 짚다』 bezital@naver.com

매달린 방

마 경 덕

몸이 빠져나간 헐렁한 몸짓들
매달리는 형식으로 한곳에 모였다
감을 따듯 긴 장대가 다녀간다 늘 같은 방식으로
나무는 가지에 열매를 매달고
사람들은 나무의 키보다 긴 팔을 발견했다

그때 나무에게 베껴온 것들, 허공과 장대만 있으면
우리는 나무보다 더 많이 매달 수 있었다

고개를 젖히면 옷봉에 다닥다닥 열린 어깨와 어깨들
사계절이 뒤섞여 늘 풍년이다
찌든 체취를 지우고 비닐에 갇힌 시간, 태그를 달고
호명을 기다리는 누군가의 껍데기들
무게를 잡고 그럴싸한 각을 세워야 한다
잃어버린 각도는 사람의 몸에 있었다

임대료에 비해 좁은 평수, 머리 위에 계산된 여백이 있다
결국 나무가 제 몸을 꺾어 장대가 되었듯이
우리는 정해진 공간에 몸을 구겨 넣고 좁은 방에 생계를 걸어 둔다

먼지 낀 기다림을 골라내고 틈을 채워 넣는
빽빽한 세탁소 천장들

마 경 덕

전남 여수에서 태어났으며 2003년 《세계일보》 신춘문예당선. 시집 『신발論』 『글러브중독자』가 있으며 현재 시마을문예대학, 한국시문화회관 부설 문예창작학교 강사 MBC롯데, AK문화아카데미 시 창작 강사로 활동 중이다. gulsame@naver.com

딸그라딸그락

나 석 중

붕_붕_

조금 전, 여객선 뱃고동 울리며 넘어간 수평선 끝자락에 아직도 몇 알의 알섬들 풍뎅이같이 가물가물하다.

이도 저도 더 나아가거나 물러설 수 없는 데까지 흘러온 각진 제 몸과 마음이 있다

닦고

깎고

용맹 정진하고 있는 몽돌밭이 있다

예까지 와서 그들은, 한세상 되는 대로 살고 싶은 생각도 불쑥, 불쑥 나기도 하겠지만, 그때마다 철썩, 철썩 서로 빰을 때리며 기울어 가는 정신을 깨운다. 일으킨다

내 몸도 기꺼이 거기에 섞이고 싶다 섞이어 온몸 몽그라지고 둥글어지고 싶다

딸그락 딸그락…

나 석 중

전북 김제에서 태어남, 2005년 첫시집 『숨소리』로 작품활동, 빈터 명예동인, 시집 『나는 그대를 쓰네』 『감촉』 『물의 혀』, oogeugi@hanmail.net

매

권 미 자

고운 봉우리에,
날카로운 발톱 숨기고 산다
바람이 날개를 흔들 때마다
발끝 들고 노심초사하면서

때로는 폭풍의 소용돌이가
물밀듯 온몸을 덮치기도 하고
때로는 드넓은 하늘로 날아올라
자유로이 회유하기도 하면서

꽃 속에 꿀주머니 내려놓고
발톱 세워 사는 나를
그는 꽃이라 불러 준다
그는 내게 넓은 하늘이고
그에게 나는 발톱 아픈 꽃이다

권 미 자
2004년 《미네르바》 등단
minary5@naver.com

바람꽃

안 갑 선

온갖 흙탕물에 더럽혀져
그리워하다
말라 죽어도 좋을
떠나지 못한 것들아
포로가 된 것들아
온세미로* 잊을 수 있으랴
오뉴월 염천에도
가슴 소복이 눈만 쌓이네

* 가르거나 쪼개지 않고 생긴 그대로

안 갑 선
2000년 시집 『그대 가슴밖의 사랑』으로 문단데뷔, 시집 『통화중』 『바지랑대와 손고동 소리』 외 1권이 있으며 천안낭송협회 부회장, 다시올문학기획 이사로 활동하고 있다. angabsun@hanmail.net

결빙結氷

김 성 수

무른 마음을 베고 가는 칼바람이 있다
고드름장아찌라 놀려도 헛물만 들이키던
시절에는, 양지에 핀 꽃으로 하늘거렸지만
언젠가부터 바람은 허한 곳으로 흐른다는
사실을 알았다
넘나드는 구멍부터 서서히 얼어 가는
상처는 속내의 깊이를 더 모르게 했다
공염불을 하듯이 스쳐 지나가던 허튼 업業도
쌓이다 보니 억겁億劫의 인사였음을 알겠다
이목구비를 잃어버린 지나간 만남들
그런 스침이 눈꽃이었고 바람이었다가
주위부터 얼어 들어와 단단한 고집을 부리는
집착이었고, 상처는 푸르게 굳어 갔다
숨차게 조여 오며 허함과 헛됨을 막아가는
속도를 지켜보며 물컹거린 것이 딱딱해진다
시들어서 추하게 꽃대만 남은 중심까지
얼어들어 오는 것이 멀지 않았다

김 성 수

2003년 《현대시》 등단
난시동인회장, 《다시올문학》편집위원
시집 『걸음의 공식』
fm1crow@naver.com

자정子正

최 명 심

밤 깊은 지하도
봄이 웅성거린다

분주했던 낮은 가고
마감을 서두르는 하루가 문 앞에 널브러져 있다
전철에서 쏟아져 나온 자정, 그 틈새에
무거운 졸음이 끼어 있다

부천역 지하 분수대 앞
디스코머리로 땋은 그녀의 머리엔
노란 프리지아 향이 앉아 있다
겹겹이 껴입은 옷들로 부풀어 오른 몸
곁눈질로 스쳐가는 사람들을 향해
진한 립스틱이 알 수 없는 미소를 보낸다

불안하게 깜박이는 눈
그녀의 손안엔 사진 한 장 꼭 쥐어져 있다
누구일까
빼앗기지 않으려는 듯 경계를 늦추지 않는다

바람이 어깨를 치는 차가운 봄밤
서른 예닐곱 됨 직한 그녀의 등 뒤로
지친 그림자 하나가 따라간다

차가운 초승달이 빌딩에 걸려 있다.

최 명 심

부천여성문학회 회장역임
2007년 《다시올문학》 작품활동
proseis@naver.com

참새

신 현 복

참새는 결코 걷지 않는다
아무리 짧은 거리도 부리가 닿지 않으면
반드시 날거나 뛴다

기와지붕 추녀 틈 참새집을 기억한다
유년의 작은 손으로도 간신히
몇 뼘은 파고들어야 닿을 수 있었다

먹이를 찾아 물고 둥지에 이르기까지
그 거칠고 비좁은 생生을 폴짝폴짝 어미 참새는
정수리 얼마나 아팠을까!

종이봉투를 들고 환하게 웃지만
술에 취해 비틀거리던 아버지를 추억한다
'잔챗집서 좀 싸 달라고 했어'

가려운 척, 머리가 다 빠진 정수리를
긁적이며 들어왔다

허공에도 거칠고 비좁은 골목이 있다

신현복
충남 당진출생, 2005년 《문학선》 등단, 《다시올문학》 편집위원, (주)한라 홍보팀장 근무중, 시집 『동미집』 다시올 시인선, clstone@halla.co.kr

지나가는 자의 초상

최 을 원

인부 둘이 대형 거울을 들고 갑니다 행인들이
비춰봅니다 찰칵! 예리하게 잘립니다
여러 장의 스틸을 모으며 거울이 지나갑니다
언젠가 거울 한 장 내 앞을 지나갔습니다 얇고 맑고
환하던 찰나, 섬광에 찍힌 사진들
처음 본 내 모습들, 그땐 나도 거울이어서,
거울이고 싶어서 칼끝 같은 햇살 속을
자꾸 들여다보는 거였습니다 결코 쫓아갈 수 없는 거리를
인부들이 가고 있습니다 홀로 남아 거울을 들고 선 자는
볼 수 없습니다 누구도 다시는 볼 수 없습니다
저 대형 거울이 어딘가에 가 걸리 듯
알 수 없는 곳에, 찾을 수 없는 곳에
우리들의 거울도 걸려 있을 겁니다 아주 가끔,
번쩍이는 불빛, 셔터 소리 들리면
놀란 새들과 구름이 흩어지고 거기 먼지 속,
눈먼 사진 몇 장 여전히 박혀 있을 겁니다
한때 누군가의 간절함이었던 숱한 거울들이
무표정하게 그 앞을 지나가고 있을 겁니다

* 지나가는 자의 초상 – 윤대녕의 소설 제목

최 을 원

2002년 《문학사상》 등단, 시집 『계단은 잠들지 않는다』

chldmfdnjs@daum.net

얼음의 길, 새의 길

온 형 근

호수
쾅쾅
얼었더니
눈 쌓여 순백이다

바람이 조금씩 긁어낸 맨살처럼 언뜻 반짝이는 상처들
그렇다고 저들의 관계를 내연이라 말길 건가
얼음의 길이라고 해 두자
다 녹아 없어질 것을
그 위로 벚꽃 지천으로 날려 뒤덮일 것을
고욤나무 열매에 앉아
먹이를 삼키던 직박구리가
물결처럼 아래위로 출렁이면서
호숫가 벚나무로 날아오른다
삐-잇, 삐-잇 하면서
날면서 움직여 머물면서
먹이를 얻고
바람과 햇살을 섞는 것이겠지
소화를 시키는 거겠지
담합과 사통과 내연과 암중에서
겨울 하나 넘긴다

온 형 근

1960년 제천 출생, 서울대학교 농업교육과 졸업, 고려대학교 자연자원대학원 조경학석사, 1997년 《오늘의 문학》 등단, 제 2회 MBC 인터넷 문화대상 수상, 무크지《매혹》편집주간 역임, 조경문화답사연구회 회장, 시집 『풍경의 분별』 『화전』 외 4권, namuboss@empas.com

시인의 연금軟禁

윤 준 경

가수 Y군이 나타나려 하자 수많은 카메라맨들이 취재 경쟁을 벌이느라 공항은 삽시에 아수라장이 되고 바리케이트를 친 팬들 때문에 Y군은 도저히 발을 뗄 수 없는 상황, 경호원에 이끌려 힘겹게 사람의 터널을 뚫고 나오지만 그의 발이 닿는 곳은 어디나 人山이다.

뉴스의 초점에 한 시인이 서 있다 그분의 한마디를 취재하기 위해 기자들은 몸을 던져 싸움을 벌이고 그분의 얼굴 한번 보기 위해 밤을 새며 기다린 수많은 팬과 문학도들, 때문에 그의 작은 키는 人海에 묻혀 보이지 않고 그의 옷은 하마터면 찢어질 뻔.

마침내 그는 가택연금된다 '사회질서를 어지럽히고 교통을 마비시킬 우려가 크므로 당신의 인기가 떨어질 때까지 외출을 삼가하시오' (부질없는 상상이다.)

윤 준 경

1994년 《한맥문학》 신인상, 1995년 교자문원 3회 추천완료

시집『나 그래도 꽤 괜찮은 여잡니다 』『다리위에서의 짧은 명상』 외 1편

june7590@hanmail.net

뭇국

마 상 렬

부엌에서 생 무 써는 소리가 들린다
오늘 아침엔 뭇국을 먹일 모양이다
어슷 썰어 조각난 무는 육즙을 튀기며 냄비 안으로 곤두박질 해댈 것이다
그리고 이내 물 위로 솟게 되리라

大 멸치 몇 마리 최소 삼사십 분 정도는 지치게 파도타기를 해야만, 다진 마늘,
대파, 소금 등 양념이 흩뿌려져 만족할 정도의 아수라장이 연출될 것이다

딸각딸각 냄비 뚜껑이 가쁜 숨을 몰아내면 경험 만큼 익숙한 맛보기를 거쳐 요리의
완성 여부가 내게 통보될 것이다

서둘러 식탁으로 배달된 뭇국엔 무르게 익은 입김만 유체이탈遺體離脫을 감행하고 있으리.

마 상 렬

강원 태백 출생, 《문학21》시부문 신인상 수상, 《다시올 문학》 기획이사, 에세이 플러스 회원, duaud316@daum.net.

아직도

문 춘 식

지난겨울 떨어진 낙엽이
아직도 뒹구는 봄날.

거리는 비워져
황량하기만 합니다.

살기 위해 돌아가려 연습 중인
철새들만이 논에서 잠시 쉬고

나만 까닭 없이
먼 여행의 꿈의 꿉니다.

이곳을 떠난 들
무슨 소용이 있겠는가마는

아직도 살아 있기에
홀로 뒹구는 낙엽을 보고 있기에

그 이유를 아직도
그 곳에 붙입니다.

문춘식

1978년 《현대문학》 2회추천, 시집 『오래된 시처럼』 『짓거리』 『사랑아 사람아』 외 3권, moonspring@hanmail.net

하얀 애기동백

송 희 복

당신은 하얀 산다화를 본 일이 있습니까? 남해안 일대에 키 작은 동백나무가 있습니다. 피우는 꽃은 대체로 하얗거나 붉습니다. 또 어떤 경우는 엷게 붉은 색을 내기도 합니다. 이 꽃을 두고 사람들은 일쑤 산다화山茶花라고 부릅니다. 산다화는 일본 구주九州 지방의 고유 품종이랍니다.

당신은 산다화라는 시의 말을 무척 사랑했던 시인을 아십니까? 한 평론가가 물었답니다. 산다화가 무슨 꽃이죠? 시인이 대답합니다. 나도 잘 몰라요. 소리가 그저 좋아서 썼을 뿐이에요. 이 말을 들은 평론가는 소리 좋기로야 일본어 발음인 사잔까가 아닌가 하고 생각합니다. 하지만 사잔까보다 더 좋은 소리는 라틴어 학명일 겁니다. 일본동백을 뜻하는 까멜리아 야뽀니까…….

그런데 시인도 평론가도 몰랐던 우리말 꽃 이름이 있지요. 그 이름은 애기동백. 애기동백은 애기동백나무와 애기동백꽃을 두루 가리키는 이름입니다. 애기동백의 발음은 산다화, 사잔까, 까멜리아 야뽀니까보다 더 낭랑하고 한결 정겹습니다. 동백冬栢이란 말. 겨울에도 잎이 잣나무처럼 늘 푸르다는 뜻일 테죠. 우리만 쓰는 한자말이라고 하니, 애기동백은 토박이 우리말에 다름없겠네요.

당신은 남해안 쪽 어딘가 하얗게 피는 애기동백을 보고 싶지 않습니까? 당신도 언젠가는 외로운 자리에 비뚜름히 선 나무에서 핀 하얀 애기동백을 만나겠지요. 만약 사람들이 저마다 살아가는 일을 빗대어 하얀 애기동백 만날 설렘으로 살아간다면, 또는 하얀 애기동백 만나는 벅찬 감동으로 살아간다면, 희망도 결코 외롭지 않을 겁니다.

송희복

1990년 《조선일보》 신춘문예에 문학평론 당선. 2007년 시집 『기모노 여인과 캔커피』으로 시작(詩作) 활동 시작. 저서로는 시집으로 『기모노 여인과 캔커피』, 『저물녘에 기우는 먼빛』와 『해방기 문학비평 연구』, 『한국문학사론 연구』, 『한국시, 감성의 계보』, 『비평사와 동시대의 쟁점』, 『영화, 뮤즈의 언어』, 『소설의 역사성, 소설사의 환(幻)과 탈역사성』 등의 평론집이 있음. 현재 진주교대 국어교육과 교수. hbsong@cue.sc.kr

잡초의 외로움

공 태 명

끈질긴 생명력 자랑하며 다 같은 풀이다고
약초를 아는 사람들은 소중한 풀이라고
모르는 사람들은 그저 잡초라고 말한다

잡초의 끈질긴 삶은
민초들이 살아가는 길 같은 것이리라
그 길을 가다 야문 손길을 만나
귀한 약이 되는 풀

이름을 모르는 꽃, 풀, 나무
모두가 잡초고 산야초고, 약초다
풀은 우리말, 산야초는 한자어
산야초, 하면 먹고 풀, 하면 안 먹는다

풀은 가만히 놔두면 그 자리에 꽃이 피고
꽃이 지면 줄기가 자라 열매가 맺힌다
머리부터 뿌리 밑동까지 다 내어주는 풀

외로운 겨울의 긴 터널을 지나면
반드시 귀히 쓰일 풀,
잡초라고 함부로 밟지 마시길

공 태 명
2004년 월간 《시사문단》 등단, 시집 『무명초』, kongm@hanmail.net

흔들리는 기도

김 학 란

날마다 새롭게 자라는 젊음
헛된 욕망이 되지 않기 위해
새벽 기도만큼 차갑고 진실 된 소망
매여진 줄들이 너무도 벅차고 힘겨워
정해진 영역 밖으로 밤마다 꿈속을 탈출하고
다시금 돌아와 스스로 사슬을 메는 뜨거운 자해
두 손 깍지 낀 십자가의 슬픈 음성과
차가운 못 자국 악귀를 좇는 부적과
팥떡 찌는 양은 시루
손을 넣으면 잡히는 주머니 속 먼지 같은 믿음
걸어가는 길조차 안개로 덮여질 때
광야 보다 쓸쓸한 무서움 밀려올 때
한 줄기 빛을 위해 촛불 밝혀야 했습니다

가슴 언저리에 뿌린 소금을 위해
손톱 밑을 찌른 가시를 위해
얼굴위에 널려진 낱자들을 위해
어제 밤 마셔버린 외로운 삶을 위해
또 다시 사랑하기 위해…….

김 학 란

《상록수문학》 등단, 그리고문학회, 연천문인협회
다시올문학회 회원, sahan62@hanmail.net

성장통

송 연 주

자고 일어나
식탁에 앉아 울고 있는 아이
모른 척 외면하고 내 할 일을 해도
마음눈은 녀석만 보고

가방 메고 나서면서도 그치지 않아
풀썩, 연기 올라
잡아 세우고는
"왜"
"그냥"

그냥 그 속엔
너무 많은 말들이 담겨 있어서
빌려온 미소의 포장지를 황급히 벗겼다

그냥 그 속엔
너무도 많은 바람이 있어서
숱한 계절이 살고 있어서
나도 그냥 이계異季를 맞이한다

보이지 않는 유리벽
빛나는 속살 같은

송 연 주

《시와비평》 등단, 시낭송가, 재능시낭송협회 편집국장, 낭송시집-CD『대숲에이는 바람의 설화』, 공저시집『내가 여전히 그대를 그리워해도 되겠습니까』, 제5회 노천명 문학상 詩대상 수상

전망동인

문희봉 박수걸 박동남

우옥자 이사랑 조영환

김경식 박성은 오영록

우애자 최혜영 최창순

이태운 김석신 유 근

서영용 정미경 이효순

정지용 박순정 나유성

추다영 이인수 김영규

김경식

후박나무 심으라 한다 외 1편

문 희 봉

번지도 없는 송림 속에 둥지를 튼
때까치처럼 살아도
운무로 채색된 풍경
강풍을 이고
그래도 견뎌 내는 것은
내 가슴에 자라는 작은 희망이 있기 때문이다.

선천적 약골의 머릿속에서 호흡하는
미숙한 시일지라도
내 조그만 소망 속에서 옹알이 하면서 피어나는 꽃

물 주고 햇빛 주고
미미한 향은 누가 맡아 줄 건가
영세민촌 아이들의 울음소리
창으로 쏟아져 들어오는 아침 햇살만이
내 질곡의 삶을 알고 있지만
별처럼 영롱했던 어렸을 적 꿈

어둠 속에 묻혀 잠들어도 좋다
남은 세월 쉽게 헤아려지는 나이
시가 영그는 작은 꿈이 터지는
석류 축제장에 애드벌룬으로 뜬다
나에게 있을 작은 소망

넓적한 잎을 가진 후박나무 심으라 한다.

대합실

낯선 얼굴들
어깨를 짓누르는 배낭의 무게
서성이는 시간
스쳐 지나가는 필름 뒤로 하고
각자 갈 길을 간다

미래를 예측할 수 없는 사람들의 운명

어떤 이는 웃으며
어떤 이는 시무룩한 표정으로
각자 갈 길을 간다

시간을 잃은 초침 소리
미래에 머물 집으로 향하는데

소유의 아귀다툼은 멈출 기미가 없다
무한대의 시간 속에
보잘것없는 인생으로 살아가고 있는 사람들

기도 소리 들리고
한바탕 태풍 지나간 자리
나에게 주어진 작은 공간
나에게
대합실 안은 오늘도 외롭다.

문희봉

충남 당진 출생. 1989년 월간 《에세이》 수필 추천, 1990년 월간 《한맥문학》 시 추천, 2009년 계간 《다시올문학》 평론 추천. 한국수필문학가협회 이사, 대전광역시문인협회 회장, 시집 『지천명의 노래』 외 2권, 수필집 『작은 기쁨, 큰 행복』 외 4권 있음. 素雲문학상, 大田문학상, 眞露문학상 등 수상

보리타작 외 1편

박 수 걸

꽃피지 않고 쉬이 열매 맺은
네 놈의 고마움을 어찌 모를까마는
삼베적삼 등허리에 착 달라붙은 가난한 농부
오뉴월 햇빛에 하얀 소금 내 품는다

요놈의 보리, 젊음을 포기하기 싫어
그렇게 애태우더니 매를 들어야
정신 차리는 청보리가 누렇게 익었다
이제 가시랭이 입고 타작이란
곤장을 맞아야 한다

달구어진 마당에 첩첩이 눕혀놓고
부실한 힘이지만, 저승사자 집고 오는
박달나무 도리깨로 오지게 쳐댄다.
혈육 한 점 남기지 못한다

목줄 끊고 튕겨 나오는 알알들
양반 행세하던 수염까지
보복하는 기세로 사그리 뽑아낸다
허기진 농부의 한풀이다.

얼음골 케이블카

내 고향은 밀양이다
천 고지가 넘는 재약산 정상까지
거미가 줄을 타듯 오르락
묘기를 부리듯 내리락
뼈마디 성장하기도 전인 10대
짚신 신고 나무 지게 짊어지고
콩고물 주먹밥 지개막대기에 매달고
사자평 억새풀 베러 갈 때
반나절 오르고 한 나절 내려오던 길
저것은 반나절에 수십 번 오고 가네
얼음골 협곡에서 고함을 지르면
메아리가 줄줄이 따라오던 재미
목이 터져라 소리 지르던 시절만
협곡을 오르락 내리락 거리네
재약산의 추억은 그대로 쌓여
사자평도, 얼음골도 그대로인데
나만 재약산의 억새처럼
흰머리가 슬프다

박 수 걸

경남 밀양출생
2009년 《다시올문학》 신인상
시집 『내 속살 보여줄까』
yasehoa@naver.com

남사스런 일 외 1편

박 동 남

도인이 산세가 험한 비포장도로를 운전하는데
주위엔 고요가 범람하고 인적을 잘라먹은 어둠이 자욱하더라.
우측 백미러를 보니 어디서 많이 본 듯한
귀신 같기도 하고 저승사자 같기도 한 얼굴이 자기를 데려갈 듯이
뚫어져라 바라보더라.
뒤를 돌아보면 아무도 없고 백미러를 보면 그 얼굴이 나타나
눈을 비비고 다시 백미러를 보니 여전히 자기를 뚫어져라 바라보는데
머리칼이 쭈뼛 서는 순간 갑자기 누군가 가슴을 꽉 끌어안고
당겨 그만 자신이 도인임을 잊고 내 명命은 여기까지구나
그래 죽이든지 날 데려가든지 맘대로 하라고 갓길에 차를 세웠는데
까마귀가 날아와 기억을 집어삼켰는지 눈떠보니 접혀있는 백미러를
안고 햇살이 웃고 있더라.
아 어젯밤 그 얼굴
그를 잡아당긴 안전밸트

용기를 내세요

고양이처럼 얇은 혀를 날름, 냉큼 발을 뻗어보지 그랬어
잎이 파랗게 질렸네. 저 높은 담벼락을 언제 다 오를까
염려는 꼭 붙들어 매 라고 아무도 안 볼 때 올라가겠다고
찰떡같이 말했지만 정작 담을 타고 어슬렁거리는 건
고양이었지

나는 절대 거짓을 말하지 않아
그는 실오라기 하나 걸치지 않은 채 내 앞에 섰고
그날 밤 내 몸 위로 올라오기까지 수없이 망설이는
눈치였어.
나는 아무렇지도 않게 받아들일 준비가 되어 있는데
부담스런 표정으로 훑어보더니 아주 예민한 곳을
어루만졌어 나는 자꾸 움찔거렸지
가랑이를 벌려 다리 한쪽을 슬그머니 올려보다가
안되겠다 싶었는지 잠시 물러나 마른침을 삼키더니
돌연 나를 덮쳤어 나는 그만 눈이 확 뒤집혔지
내 눈을 본 그 여인 나보다 먼저 놀라서 비명을 지르며
기절하는 거 있지

(나는 체중계입니다)

박동남

2008년 계간 《다시올문학》 등단, 저서 『한국인의 명시시선집』 공저시집 『오월에 내린 눈』 『칸나가 붉은 이유』

전성시대 외 1편

우 옥 자

내 이름은 옥자이구요 동생은 월자입니다
동생은 늘 이렇게 말했죠
월자가 뭐야, 매월이나 월매라고 짓지

칠팔십년대 드라마 속 작부나 식모 이름에는
옥자가 흔하고 흔해,
이죽거리는 남편에게 맞받아쳤죠
영자와 순자의 전성시대를 모르냐
친절한 금자씨*의 전성시대도 있었다
옥자의 전성시대도 곧 올 거라고 말이죠

일본 유학까지 다녀오신 할아버지께서
손녀의 이름을 고심 고심하시다가
귀하디귀하게 되라고 지어 주신 구슬 玉 아들 子
子자 돌림시대를 대표하는 이름입니다

촌스런 이름이 부끄럽지 않냐구요
애기똥풀 큰방가지똥 며느리밑씻개 오랑캐꽃
다 푸르고 향기롭고 당당하기만 합니다

재봉공장 시장통 저문 들녘에 억척스레 피어난
지금 이 땅은, 말자 숙자 미자 춘자의 전성시대입니다

* 영화의 제목

시시포스 신화

가로세로 각 19줄 361개의 공간
허리 부상으로 일손을 놓고부터 생긴 유일한 일터다

반듯한 교차로다 잠시 침묵 하나, 둘… 모니터 속의 보이지 않는 여자가 재촉한다
딱! 망설이던 오른손 검지가 재빨리 클릭,
꼬리를 물고 따라간다
앞마당도 있고 뒤란도 넉넉해야 하고 아이들도 방 하나씩 주면 좋겠다
사각의 평면 속으로 빨려 들어갈 듯 노려보는 사내
"에잇 씨팔!"

사내의 방은 늘 어둡고 탁하다. 야릇한 냄새가 자욱하다. 그가 뿜어내는 담배 연기에 찌든 벽지며 가구들은 그의 휘발된 청춘처럼 누렇게 퇴색해 있다. 수북한 꽁초와 커피가 엉켜 붙은 찻잔, 아내가 차려 놓고 나간 밥상이 말라간다

*아다리!
공짜술 생긴 것처럼 환호하는 사내
화면이 꺼지면 까맣게 사라지는 집, 평생
짓다가 죽을 집,
죽자 살자 허공에 매달린 그의 집에 어둠이 내려앉았다

* '적중'을 속되게 이르는 말

우 옥 자

2008년 《다시올문학》 신인상
글샘문학회 동인
현 사우고등학교 재직
wooropa@hanmail.net

매듭 외 1편

이 사 랑

어젯밤 꿈자리가 그리도 사납더니
그 사람 넥타이 매고 갔다네

이 사람아, 일복도 옷이라고,
저승까지 넥타이 매고 갈 건가?
문상 온 사람들
목이 메어 컥컥 울지도 못하네

숨 막히게 목을 조르는 고층 빌딩
그 문 안에 갇힌 화이트칼라들
직장이 굴비 엮듯,
넥타이로 묶어 놓았네
넥타이는 아내가 묶어 주면 행복하다는데
노타이의 자유로움에 대한 변명일 뿐

일에 매이고
집에 매이고
사랑에 매이고
돈에 현실에 매여 살다 보면
늦가을 감나무에 매달린 까치밥처럼
직설적으로 쓸쓸해지는 생이 아니던가?

나의 하나님 !
불쌍한 이 사람
세상에 묶인 매듭
꼭, 풀어 주셔야만 합니다.

손

이 도구로

꽃과 나무를 심고
풀을 매고
악수 하고
박수 치고
긁어 주고
닦아 주고
안아 주고,
음식 만들고
그릇을 닦고
청소를 하고
빨래를 하고
똥을 닦고
밥을 짓고
시를 짓고
죄를 짓고
기도를 하는

이 도구는

내 생의 유효기간 동안
나의 것이면서 나의 것이 아니다
하나는 나를 위하여
다른 하나는 남을 위하여
소중히 써야 한다

내 몸에서 가장 먼저 늙어 버린
거칠거칠 못생겼지만
따끈따끈한

이 사 랑

2008 《다시올문학》 등단
2009 수주문학상 대상 수상
poem2112@naver.com

동백꽃 외 1편

조 영 환

바람도 없는 사월 중순의 대낮
강진의 영랑 생가 뒤란의 훤칠한 동백나무가
화장대 앞에서 입술연지를 덧칠하고 있다.
껑충한 키에 진초록 회장저고리를 입은
말상의 서모庶母는 단 한 번도
붉은 눈을 누구에게 들킨 적이 없다.
한겨울의 동백꽃은
동박새 울음의 높이에서 핀다.
툭, 툭, 검게 타든 눈자위가
볕바른 뒷마당에 떨어지고 있다.
동백꽃은 지는 것이 아니라
그저 동백나무가,
저 가득한 물 항아리의 붉은 물이
바람도 없이 일렁거렸다는 것.
당신에게 가는 누군가의 마음도
그저 엎질러진 것은 아닐 것이다.
내 눈에 동백나무는 동백나무 이전의 나무이고
나는 비로소 내 물 항아리의 연원을 알 수가 없다.
물 항아리의 물이 일렁거린다.

저 동백나무는 물경 사백 년을
새붉게 입술만 덧칠하는 연애를 한다.
몸이 잠시의 꿈이 아니라는 듯
아버지의 기억 속에서 진저리처럼 동백이 붉다.

대게

스물다섯 해 전,
경북 덕구의 탄광촌에서 스스로 세상을 버린
젊은 사내의 무덤을 끝내 찾지 못하고
저문 죽변항에서 대게를 사네.

심해의 어둠 속에서 슬픔 대신 다리가 길어진 대게

항구의 생선 장수는
대게를 산 채로 쪄야 맛있다고
얼음을 채운 스티로폼 상자에
서둘러 대게를 담네.

그러나 생선 만지는 일로 늙은
사내의 잰 손놀림보다
죽음을 본 대게의 눈은 빨라
상자의 뚜껑이 닫히는 순간에도
대게는 막막히 세상에 손을 내미네.

저 비린 손 못 잡아 주어
평생을 얼음 속에서
번들거리며 젖어 있는
대게의 눈,
스스로 한 생을 유폐한 수인囚人
어두움이 온 사내의 노모

명년 봄에는 물가 무덤 자리들을 다 파야 한다고
얼음 창고에서 어기적거리며 나온
늙은 대게의 손을 동해의 대게가 잡아 주네.

조 영 환

시인 · 문학평론가
동국대학교 국문과 졸업
2009년 《다시올문학》 시 등단
《다시올문학》 편집위원
현) 숭실고등학교 교사

축복의 통로 외 1편

박 성 은

둘이 하나 되어

사랑의 언어만 사용하게 하소서
마주하는 눈빛은 사랑을 노래하며
나누며, 보듬으며 인정하고 이해하며
잘했어요, 고마워요
종일토록 고백하며
첫 마음으로 사랑하는 가정 되게 하소서

감사의 언어만 사용하게 하소서
벅찬 해오름도 감사
지즐대는 새들의 찬양도 감사
평생 갚아야 할 부모 은혜 감사
천국 노래 함께 부를 수 있음도 감사
감사만 고백이게 하소서

축복의 언어만 사용하게 하소서
마음을 열어 서로를 품으며
지혜로운 입술로 축복하게 하소서
서로에게 선물이 된 오늘
맘껏 토닥이며
섬기는 가정이게 하소서

둘이 하나 되어

최고의 기쁨이 되고
최고의 행복이 되고
최고의 감사가 되어
그리스도 향기가 넘쳐나는
축복의 통로 되게 하소서

엄마의 소풍

사춘기 소녀 둘
기차에 나란히 앉아 수다가 끊임없습니다
한 소녀는 빠글 파마에 주름진 이마
한 소녀는 연신 재롱을 부립니다.
둘만의 기차여행은 처음인 듯합니다.

그동안 딸은
엄마보다 남편을, 엄마보다 아이를,
내 삶을 더 많이 챙겼습니다.
엄마는 아쉬울 때마다 찾는 해결사 정도로만……

지금 딸은 엄마와 기차로 소풍을 떠납니다
이렇게 할 말이 많은데
그동안 왜 그리 말을 아꼈을까요?
엄마이마의 주름이 쫘악 펴지고
입가에 웃음꼬리가 계속 올라갑니다.
오늘 소풍이 가장 행복한 모양입니다.
딸도 오늘 참 행복합니다.

박 성 은

충남 온양 출생, 평택대학교 사회복지대학원 졸, 계간《다시올문학》등단
천안낭송문학회 회장 pse24@korea.kr

생장점 외 1편

오 영 록

아침에 신은 양말이 구멍이 났다
삐져나온 엄지발가락이 성난 아내 얼굴이다
뒤꿈치도 아닌 엄지발가락이 꼭 말썽이다
다른 곳은 다 멀쩡한데
하루도 안 돼 늘 뚫어 놓는 엄지발가락
발톱이 원인이겠거니 하고 늘 짧게 자르지만
항상 먼저 빠끔히 내다보는 녀석
답답해서인지 궁금해서인지
얄밉기도 했는데
스케이트 선수가 발을 쭉 뻗으며 골인하는 지점을 보고야
이놈도 선두가 되고 싶은 몸부림이었다는 것을 알았다
약속 장소도 늦지 않을 수 있었고
다른 사람보다 한발짝 앞서 갈 수 있었고
앞서 생각할 수 있었던 것이
다 이놈 덕이다
그런 줄도 모르고 늘 구박만 하고
애먼 발톱만 죽어라, 잘라 댔다
괜히 미안해
위로라도 해 줄 겸
애써 한번 쓰다듬어 주려는데 이 우라질 생장점
한 그루 나무였든지 뿌리 같은 엄지발가락
조금 전 신은 양말
또 뚫고 나와 어둠을 헤매고 있다

무지개다리

새는 죽기 직전 마지막 비행을 한다지
온 힘을 다해 아득하도록 하늘 높이 날았다가 그
마지막 순간에
스스로 날개를 부러트린다지
꼭 그렇게 잔인하게까지 할 이유야 없지만
새들은 그날을 위해 일생 비행 연습을 한다지
뼈 마디마디를 다 비우고 날갯죽지 밑에
바람을 쟁여 놓는다지
마지막 그 비행은 얼마나 높이 날았던지
그 죽음을 본 사람은 아무도 없다지
혹, 어쩌다 그 부러지는 날개를 본 사람은 새가 되어야 한다지
수천수만 번 땅을 박차며 날았던 거며
구름을 헤치며 쏘다녔던 거며
눈이 오나 비가 오나 그토록 피 터지게 울었던 것도
맑은 영혼의 소리를 얻지 못하면 건널 수 없는
다리가 있었기 때문이라지
마지막 순간에 혼의 소리를 내지 못한 새는 구름이 되거나
바람이 되고
혼의 소리를 낸 새는 그 다리를 건널 수 있다지
그 눈물겨운 다리를 건널 때
쨱 하고 건넌다지

한 마리 새의 온전한 이름이 있을 때만
그 나리 선다지

오 영 록

강원도 횡성 출생
《다시올문학》 신인상
《문학일보》신춘문예 당선
명동문학, 예원문학, 한국문단 동인
시와 그리움이있는 마을 동인
cy3213@hanmail.net

느슨한 저녁 외 1편

우 애 자

조용히 앉아 손톱을 깎는다
손끝에서 자라던 사연들 사방으로 튄다
손톱을 깎으면 몸과 마음이 간결해질까
지나간 시간 가만히 쓸어 모은다

실은 얼마나 버티고 싶었을까
복잡한 감정이 위태롭게 잘려 나간 자리에
비릿한 맨살 냄새 차오른다
둥글게 깎인 내가 허공에 걸린다

비명을 삼키던 서쪽 하늘에
어둠이 번져가는 방향으로
새들이 날아간다

잠시 깃들었다 떠나가는 그림자들
밀려오는 속도에 붐비다
희미하게 사라진다

갈피를 잡지 못하는 저물녘
부끄러운 미안한 마음,
잊지 못할 고마운 마음,
나는 어디로 튀어가고 싶었을까

삶의 나침판

색깔 다른 꽃들이
자신을 완성하기 위해
내면의 깊은 향기로
삶을 아름답게 꾸미고 가꾼다

새들은 진실한 날개로
떳떳하고 당당한 자유를 찾아
하늘에서 각양각색의 지도를 그리며
꿈을 찾아 날아간다

가슴 넓은 대지는
겸손한 자세로 별 무리를 바라보며
골이 파이는 아픔도 참고 견디며
활기찬 생을 영위하고 이끌어 간다

하늘에 떠 있는 무수한 별들
구름과 바람 속에 떠돌다
때가 되면 생의 씨앗이 되어
동서남북 찾아간다

우 애 자

2010년 《다시올문학》 등단, 가락동 우일수산 대표 시집 『새벽을 열다』

aarym@naver.com

독거노인 외 1편

최 혜 영

햇볕이 들지 않는 작은 처마 밑
늘어진 런닝셔츠 차림의 그,
쪼그리고 앉아 라면을 끓이고 있다
비닐봉지 안에서 꺼낸 막걸리 한 병
무료한 한낮, 허기를 달래고 있다.

비닐 장판 위로 빠르게 기어가는 그리마*
사방으로 둘러쳐진 거미줄과 거미
발바닥에 달라붙는 음습한 먼지
두 평 남짓한 방안, 아무도 찾아오지 않는다
흐릿한 전구 알에 하루살이 날아들면
모로 뉘운 등이 구부러져 있다.

창틈으로 희미한 한 줄기 빛이 들고
전깃줄에 내려앉은 참새들의 재잘거림과
코끝에 스쳐 짙어지는 아카시아 향기,
오늘 또 다른 희망을 열어 보지만
처마 밑에서 햇볕을 쬐는 일 밖에는…

* 그리마–절지동물문 순각강의 한 목, 체간은 15개의 몸마디로 이루어져 있고 각 몸마디는 한 쌍의 다리를 가지며 등에 8개의 큰 배판이 있다 (흔히 돈벌레라고 함)

휴면메일

주인 떠나간 오래된 정원
모르는 잡풀 더미 엉켜 있다.
그는 언제 다녀갔을까
체온이 식어 있는 곳

그리움의 두께가 얹혀 있는 메일마다
나의 입술도 말라 있다
지우러 들어가서 다시 발자국 남기고
돌아나오는 나는
아직 이사를 하지 못한다

손끝 전율로 다가가던 아이디, 패스워드
그 속에서 잠이 들고 잠이 깨던 날
차디찬 얼굴로 나를 보고 있어도

그의 웃음이 젖어 있는 내 빨간 구두
노란 우산은 그대로인데
단지,
기척하늣 나를 올려다볼뿐
모두가 낯설다

최 혜 영

2009년 《다시올문학》 신인상, 수리샘문학회 동인, 《다시올문학》 총무국장
안산이삭유치원 원장, hye8268@hanmail.net

식구 외 1편

최 창 순

앞마당에
코스모스 만발할 때 집으로 온
앳된 간호사 며느리

시아버지 건강을 염려하여
혈압약 드시라네

얼마나 많은 환자들을 간호했길래
저토록 숙련됐을까
갈수록 시들어가는 내 몸의 끝자락을
알뜰살뜰 보살피네

옷 한 벌 못해 준 아내
어려운 살림 속에 지금도
고추장 된장 간장을 담가
장독에 애착의 정情을 가득 가득 담네

어느새
시어머니 닮아 가는 며느리
힘든 삶을 다독여서
항아리에 행복을 듬뿍이 채우네

쓴소리

울타리 밑 접시꽃 함박웃음에 취해
뜰에 앉아 막걸리를 마신다

잔디밭 초여름 신록이 싱그럽다

아니 또 술 드셔!
순간 고요한 행복이
아내의 높은음자리표에 놀라
우수수 떨어진다

접시꽃도
민망한 웃음으로 아내를 바라본다

쓴 잔소리가 약이 되고 있는
순간이다

최 창 순

2009년 《다시올문학》 신인상
영등포문화원 민요판소리연합회회장
동인시집 『밥하는 소리』
chsunch@hanmail.net

팔공산 외 1편

이 태 운

인적 없는 산길 따라
호젓이 걷노라니

話頭 하나
올려놓고
一念으로
沒入하나

어느새 미욱한 心思
虛空으로
흩
날
리
고

순백애상純白哀想

白雪이 내려앉은 한적한 시골 마을
淨潔한 雪景은 차라리 애처롭고
한아름 은행나무만 고즈넉이 버텨 서다

나뭇가지 소복소복 올라앉은 눈송이엔
애틋이 묻어나는 純白의 그리움
아득히 머언 곳에서 아리도록 살아 오다

에는 듯 찬바람에 追憶은 시려 오고
하늘 가득 내리는 눈, 山河를 뒤덮으니
휘감는 풍설잔해風雪殘骸에 그리움만 무겁구나

이 태 운

1958. 8. 1 대구 출생
경북대학교 법과대학 졸업
2010년 《다시올문학》 시조 등단
(현)동부화재 부사장

어머니의 천국 외 1편

김 석 신

어머니 3년 전에 돌아가셨지
묘비에 새긴 날짜
내 가슴 날짜와 다르지
내겐 언제나 3년 전에 가셨지

비껴가는 세월 멀어지는 법인데
우린 외려 점점 가까워지지
어머닌 늘
3년만큼 떨어져 계시지

어머니 나 사이 3년 세월 불씨
어느 날일는지, 연기마저 사그라지면
"어머니, 저 왔어요, 다녀왔다니까요!"
방학 날 들뜬 아이 되어 외치겠지

부모만 자식 가슴에 묻는 게 아닌가 봐
자식도 부모 가슴에 묻는가 봐
도대체 어머니 계신 천국 어딜까
어디기에 이처럼 가슴 따스할까

내 가슴에 어머니 계시면
아암, 천국도 내 가슴에 있는 거지
머리에서 가슴만큼 먼 천국
세월 불씨 내내 사랑하며 살아야겠지.

나의 시

시는
풀벌레 소리로 내게 오네
내 마음 빈 독처럼 울리네

시가 돋으려는지
마음은 가을밤처럼 어둑해져

이슬이 묻은 서늘한 풀벌레 울음을
밑줄 그으며 듣네

풀섶에 흘린 필체를
한 장 한 장 넘기네

밤새 울음으로 쓴
시집 수천 권을 언제 다 읽어 보나

저 마음을 다 받아 적으려면
빈 독에 생각이 차오를 때까지
고요히 기다려야 하네

시는,
시가 스스로 쓰네
시인이 쓰는 게 아니라네

淡谷 金錫信

1971년 휘문고등학교 졸업, 1978년 서울대학교 식품공학과 졸업, 미국 오하이오주립대학교 대학원 식품공학 박사, 2010년 《다시올문학》 신인상, (현)가톨릭대학교 식품영양학과 교수. kimsukshin@hanmail.net

퇴계와의 만남 외 1편

유 근

#

새벽안개 자욱한 안동시에서 잘 닦인 도로를 굽이굽이 돌아 퇴계가 숨 쉬는 도산서원에 닿았다. 명망에 걸맞게 웅장하리란 생각은 퇴계의 고매한 인격을 가름 안고 나의 속물스러움을 깨닫게 한 서원.

#

안온한 골짜기 따라 낙동강 물이 휘돌아 가는 것을 보며 언덕에 범속스럽게 자리 잡은 서원. 영남일대, 나아가 조선 모두를 이끈 이 언덕에서 우주의 원리를 탐해 조선, 중국에 이기이원론을 편 퇴계.

#

가야 할 인생길이 어디쯤인지 번잡스런 벼슬 속에 깊게 깨달아 이 좁은 골짜기에 돌아왔다. 이 세상에서 가면 다시 오지 않는 생, 그 무엇이 모두를 욕심내게 하는지 이황은 이를 초극하며 생을 마감했다. 세상사 모든 승자가 누릴 권리가 있는 양 함부로 세속의 힘을 행사하는 세상에 권력 자체와 범속한 삶을 조화한 퇴계 이황, 정도전 김종직 넘어 조광조의 극성도 제대로 자리 잡지 못한 조선유학의 길, 퇴계에 이르러 정수를 맛보게 했다.

#

정신없이 세속에 묻혀 살아온 내 인생, 이제야 모두 우습다는 것을 깨닫는다. 진한 감동에 취해 도산서원을 빠져나오며 산다는 것은 공연한 맹목의 의지일진데 나도, 너도 그것에 무조건 매달려 버팅기며 오늘도 서로 서로의 다리를 걸어 맞짱 떠야 하나? 가진 자, 못 가진 자, 유능한 자, 무능한 자, 퇴계 이황 선생을 만났으니 조화롭게 한 평생 살다가 순조롭게 저 세상으로 들어야 선생을 만나도 부끄럽지 않을 것 같다.

우리에겐 이기이원론이 있지 않은가?

한 발은 기에, 또 한 발은 이에 빠져 허우적거려야 할 영원한 숙명

백목련 이파리의 고백

#

1980년 5월 5일 따듯한 봄날. 분당 서현동 한양(아) 315동 정원에 주민들이 묘목 한 그루 심었습니다. 어언 20여 년이 흘렀습니다. 봄이 되면 화사한 얼굴로 주민들의 마음을 활짝 펴게 했습니다. 어느 날 햇빛이 순식간에 나를 삼키고 광합성으로 포도당을 만든 이파리들을 무성하게 만들어 잎도 크게 하고 줄기도 뻗어 올라 고마운 주민들에게 여름을 대비 하듯 시원한 그늘과 산소를 내가 마신만큼 선물했습니다.

#

무더운 여름, 고비를 잘 넘길 무렵, 강풍을 동반한 태풍이 한밤중에 찾아와 잘 자라던 나를 마구 흔들었습니다. 다행이 잎은 줄기에 달라붙었지만 뿌리를 흔들어 대는 강풍에 절반쯤 쓰러져 아파트 창틀에 기대어 신음하고 있는데 태풍이 사라지자 주민들 모두가 나를 다시 세워 다행히 생명이 끝나지 않았습니다.

#

느닷없이 닥친 태풍도 이겨 냈으니 늘 하던 광합성을 더욱 열심히 하여 내년 봄, 만개를 위한 준비를 늦가을까지 계속해야겠습니다. 가을 찬비가 악마처럼 내 얼굴을 후려쳐도 모가지가 꺾이고 땅에 떨어져 내동댕이쳐 질 때까지 나의 얼굴을 열심히 분장하여 고마운 주민들에게 마지막까지 봉사해야겠습니다.

유 근

1950생, 고려대학교 행정학과졸업,
가평등기소장(1985), 성남지원사무국장(2004), (현) 법무사(2008-)
2010년《다시올문학》등단, yukuok@naver.com

스마트폰 외 1편

서 영 용

강남역에서 바라보는 삼성전자 빌딩
든든하고 벅찬 감동을 준다

애플과 싸우며 세계 1위 스마트폰 생산 기업
삼성의 거대한 동력을 알려고 책을 봤다
연구진이 서울대 교수진보다 더 많다는
진짜보다 사실이라는 말에 더 놀랬다

내 스마트폰은 삼성 갤럭시2
스마트폰으로 신문 유튜브를 보고 있다
검색창에서 풍납토성 주먹도끼를 검색하면
지식이 쏟아진다

대학 시절 형한테 선물 받은
휴대용 소니 카세트 보물 1호였다

삼성이 반도체 사업을 시작할 때
언론은 부정적인 말을 쏟아냈다
소니를 제치고 세계 최고가 된
삼성의 힘,

기업가 정신은 새롭게 변하고
지루한 내 삶도 변화를 꾀한다.

점포경영

거리를 산책하며 점포를 보면서
경영하고 생존하는 법이 무척 궁금했다

창업절차
상권과 입지분석
점포 구조와 인테리어
마케팅과 매출 늘리는 법
밑줄 긋고 공부 한다
경영 노하우도 엿본다

아이템에 따라 공통분모는 있기 마련
산책을 하면서 폐업한 집과 개점한 집을 눈여겨보았다

한 달 전 문을 연 마포 갈비 집
손님이 뜸한지 점주의 한숨 소리 문밖으로 흘러나왔고
몇 달 전 개업한 편의점은 문을 닫았다
문밖에 임대 문의 쪽지만 붙어 있다

점포를 기웃거린다
언제가 나도 상가의 주인이 될 것이다.

서 영 용

나주 출생, 세종대학교 경제학과 졸업, 방송통신대학교 농학과 졸업, 2010년 《다시올문학》 신인상, seoyoungyong@hanmail.net

수국에 기대어 외 1편

정 미 경

사랑을 잃고
저녁이 무너지는데
마당에 수국이 졌다

서른 가지도 넘는 이유로
온종일 사랑을 구걸했다
서른 개도 넘는 수국 꽃잎
모두 사라지고 꼬투리만 남았다

온 가슴 타 들어가 응어리 맺히는데
수국꽃 진 꼬투리 녹아내렸다

그 이름 아프게 심장에 새기는 동안
수국꽃 진 자리
열매도 맺지 않고 아물었다

사랑을 잃고
수국에 기대어 봐도
자세가 위태롭다

오디

발각되지 않는 변색의 순간들이
큰 나무 가지 잎새 뒤에 숨어 있다
오선악보 자리마다 다른 음이 울리듯
가지마다 다른 빛이 눈짓한다

색이 자란다

어린 연두 빛이 자라 사춘기 붉은 빛으로
불타는 사랑이 자라 검게 농익은 슬픔까지

울음으로 약이 되는 검은 눈물

손톱만한 미물 하나 익어가는 내력
부서지는 유월 햇살 아래
명징하다

정미경

2010년 《다시올문학》 등단, 글샘문학회 동인
동인시집 『바람의 화법』, 『사과의 변증법』 외
yjmky@hanmail..net

달 외 1편

이 효 순

달은 산 위에 있어야 아름다운 줄 알았다.

어둑새벽 바다에 나가 보니
바다 한 자락을 척 걸치고
수평선에 앉아 있는 만월

부드러운 듯 차가운 미소에 가슴이 젖는데
뭐라고 뭐라고 바다와 수작을 건네며
달은, 서서히 멀어진다

눈에 보이지 않는 것들을 잃어버렸다고 울었던 적이 있다
그도 어딘가를 떠돌며 나처럼 흐느끼더라는 풍문을 믿게 된 건
아주 최근의 일이다

바람 부는 날이면
낮달을 자주 바라보는 습관이 생겼다

한사리 때

한사리라는 말 어릴 적부터 배웠다
바다가 제 가슴을 여는 거란다, 할미가 어미가 소근 거렸다

아무리 열어젖혀도 보아 줄 눈길 없는 가슴을 여미며
한사리 갯벌을 걷는다
구름 위를 걷는 듯 황홀한 어미의 젖가슴에 묻힌 듯
부드러운 갯벌 속에 발을 묻고 발가락을 꼼지락거린다

그만하렴, 바람꽃 슬며시 일었다 잦아든다
먼 데서 지켜보는 바다의 눈길인 줄 짐작한다

얼마나 많은 것들을 묻어 두었는지
한 평생 갯벌을 헤매지만

나는 아직도 낯익은 목소리를 놓치면
집으로 가는 길을 잃는다

* 한사리 : 조수 간만의 차가 최고인 바다의 물때를 이르는 말

이효순

2011년 《다시올문학》 신인상

5월에는 외 1편

호한정 지 용

5월을 거닐다 보았지
그 여린 잎새들이 정말 잎새라는 걸

송화가루 날리듯 뽀샤시한 산야
마음 두는 저만큼 어디에 풍성한 곳간을 마련하고
종달이, 박새 분주한 날개 짓으로 화답하는
은밀한 조우

어우러지는 춤사위 한 자락
맑고 여린 손끝으로 파동하는
고요한 떨림, 떨림들

5월을 거닐다 들었지
대지의 거친 생명으로 묻어나는 사람과 사랑
어루만지듯 스며드는 숨결

바람결에 묻어나는 숨소리
기지개 켜는 물줄기
보듬은 하늘

황홀한 섭리의
계절 가득한 은총.

어떤 이별

Ⅰ.

떠나는 것이 무엇인지를 모르나 봅니다.
아파야 뒤돌아 가는 길을 일상인 듯
그저 가면 되는 줄 아나 봅니다.

헤어짐이 무엇인 줄 아직은 모르나 봅니다.
어느 아침 다른 옷을 갈아입고
하루를 가 듯 그저 시간을 가면
되는 줄 아나 봅니다.

이별도 인생의 모습
새로운 시작이 될 수 있다는 걸
모르는 바는 아니지만
노을 진 저녁 풍경으로 저리도록 물들이고 가는 걸
잊었나 봅니다.

물들은 가슴은 그냥 그 자리에 남아
항시 돌아올 수 있는 것이 아니라는 걸
몰랐나 봅니다.
헤어짐이란 결국 마음을 내려놓는 것인 줄
정녕 몰랐나 봅니다.

마음이 내려앉은 자리
흔적은 남겠지요.
사랑으로 아니 한 이별은 상처일 뿐
추억도 아니라는 걸
진정 몰랐나 봅니다.

Ⅱ.

비 내리는 아침
헤어지는 아픔도 따라나서 길을 떠납니다.

밤새 못 다한 사랑에 몸비듬을 하다가
추적추적 장맛비 속으로 등 떠밀려 길을 나섭니다.

한 번 가면 쉽게 돌아올 수 없는 걸 알기에
범람하는 빗줄기 노도 같은데 마음은 자꾸 뒤돌아봅니다.

내 저 다리를 건너면
타곳의 길을 걸어야 할 줄 알면서도
마지못하여 나서는 길에
미련은 연민이 되어
젖어드는 발걸음마다 물살이 입니다.

정 지 용

서울 남산 기슭에서 성장, 경기중, 고등학교 졸업, 성균관대학교 국어국문학과, 2011년 《다시올 문학》 등단, 시집 『계절의 초상』

susanin@nate.com

거울 속의 봄 외 1편

박 순 정

거울에 비친 겨울은
바람이 유리문 틈을 넘보는
침실에서
봄날을 꿈꾸기에 바쁘다
꿈은 철쭉꽃 무리 지어 핀 언덕
햇빛은 꽃가루 날리듯 비추고
나의 그림자 위로
오후의 꽃잎은 굴러간다
지나는 바람에도
흔들리는 그늘로 서 있는
내 발자국은
흑백사진 위를 걸어 본다
꽃향기 먼 들판으로 몰려가고
봄의 따스함은
옷깃을 넘보는데
거울에 비친 겨울은
눈송이 꽃송이 뒤섞여
흩뿌리는
저녁놀 짙은 아스팔트

새는 가을이면 울음을 멈춘다

바람의 층을 벗겨 낼 때마다
몸은 더욱 무거워져
겨드랑이 갈라진 부리를 파묻는다

바람을 움켜잡던 날개는
그만한 크기의 비릿한 냄새가 난다
허공을 밟는다는 건 깃털이 뽑히는 일

바람의 껍질을 한 겹 벗겨 내도
그가 그리는 비행 곡선은
발을 딛을 수 없는 무중력상태다

하늘 활퀴며 솟구친다 해도
가을에는 상처 없는 날개란 없다

박 순 정

국민대 행정학과 졸업
백석 보건복지대학원 사회복지학과 재학
2012년 《다시올 문학》 등단
(사) 한국문인협회 부천지부 회원
어린이집 운영

오이소박이 맛보기 외 1편

나 유 성

맛있는 오이소박이김치를 담그려면 재료부터 잘 골라야 해 등이 굽거나 허리가 잘록하고 가시가 없는 것은 보기에도 안 좋고 맛도 안 좋아 오이를 고르다가 손가락에 피멍울이 맺혀도 장미처럼 제 몸을 지키려는 의지가 있는 가시가 돋아 있고 자세가 바른 놈이 싱싱하고 맛있어 오이 아홉 개의 분량에는 부추 한 단 양파 한 개 당근 반개 시원한 맛을 더 내려면 무를 얇게 채 썰어 넣으면 돼 육쪽마늘 한 통과 고춧가루 일곱 큰 술 살냄새 나는 액젓 같은 양념을 적당한 비율로 섞는 것도 중요하지만 짠 간은 소금보다 새우젓으로 맞추는 것이 아주 중요해 맛있는 오이소박이김치가 되기 위해선 고등어자반처럼 배를 가르는 아픔도 염장을 당하는 고통도 필요하지만 모든 일엔 시간이 중요해 오이 가슴 속에 염장을 지르는 일은 삼십 이 분이 적당해 씻어 건져 놓은 오이 가슴팍에 잘 버무려 놓은 속을 적당하게 채우면 오이소박이김치를 담그는 일은 끝나지만 오이소박이김치를 맛있게 먹으려면 담그는 것만큼이나 발효시키는 것도 중요해 여행 가방을 싸듯 정성들여 찬반에 담은 오이소박이김치 아직도 손에서 묻어나는 풋풋한 살 내음

어떤 부자

배를 움켜쥔 아홉 살 아들 녀석의 얼굴이
못 생긴 송편처럼 일그러져 있다

갓길에 차를 세우고
이왕이면 거름이라도 될 성싶어
오이 밭이랑에 아이를 앉히고
나는 손을 벌려 잎이 무성한 나무가 되었다

밭에서 나오며
오이 한 개를 따 한 입 서걱 무니
아들 녀석의 꾸지람
"아빠 그거 도둑질 아녜요?"
"이건 도둑질이 아니라 물물교환 이라고 하는 거야"

갸우뚱 거리는 아들 녀석의 머리 위로
녹두전 같은 보름달이 실실 웃고 있다

나 유 성

1962년 경남 진해 출생, 경희대학교 언론정보대학원 수료
대중음악 작사, 작곡가, 경희대학교 사회교육원 교수.
사)시를 노래하는 사람들 회장, norae999@hanmail.net

쟁이의 하루외 1편

추 다 영

톱밥 가루 풀풀 날리는 하루
벽과 벽 사이 회색빛 하늘은 저물고
머리 위에 인 노란 안전모 벗어 안고
탁배기 한 사발로 허기진 목 축인다

누구를 위한 수고인가
땀 흘린 노고는 진실이겠거니
지친 어깨를 다시 펴 본다

보장된 미래를 향하여 버둥거린 몸
발걸음 돌리며 집으로 향한다

밤벌레 울음소리에 박자 맞추는 걸음
내일을 지향하는 기도로 안식 찾는다.

아내

내 삶
어느 귀퉁이에서
우린 만났습니다

내 가슴
어느 모퉁이로
파고 들어오신 당신

이젠
내 전부가
당신 안에 있나 봅니다

추 다 영

2004년 《시사문단》 시 등단
계간 《다시올문학》 수필등단
poeticdy@hanmail.net

변하는 구봉도 외 1편

이 인 수

바다 막아 새로 난 길
가다 보면 후미진 곳에 있다

섬이었던 곳
아홉 개의 봉우리는 감추어 두고
염전은 흔적도 없어졌는데
소금 만들던 솥단지 두 개는
새로운 관광지 수문장인 양
덩그마니 앉아 객을 맞는다

해풍에 쭈그러드는
소나무, 소사나무 쳐다보며 걷다 보니
다가오는 개미허리
잘라지지 말라고 붙들어 매어 놓고
그 위에 아치교 만들었다
산길을 걷든
패총이 보이는 모래 위를 걸어가든
해 가는 길 걷다 보면 나타나는 새로 만든 낙조대
바닷가에서 보나 동산 위에서 보내나
같은 낙조인데
산허리 앞에 삐죽 나와 있다

신석기시대부터 주민이었던
할아배 할매는
구봉도 선돌 되어서
동네 지키는 장승처럼 서 있다
섬이 뭍이 되어 시끄러워지는 것이 고까워
허리는 자꾸만 구부러져 간다.

전면 주차

아파트 쥐똥나무 울타리 밑에
알림글 붙어 있다.

애채는 나오기 바쁘게 잘려
키는 작지만
아름답게 핀 꽃의 향기에 취하도록
유혹하는 글

전면으로 오라는 것은
얼굴을 마주보고 사랑을 속삭이자는 것인데
예쁜 색시 마주보지 못하고 곁눈으로 슬쩍 보고
분에 넘침인가 쭈빗쭈빗 뒷걸음한다
공회전 한 번 하고 동력을 끄면
뿜어지는 매연은
알림글을 덮어 버리고
미안한 마음은 연기가 날아가듯
흐릿해져 가는가 보다

배기가스에 흔들리는
꽃들의 속삭임이
대답 없는 메아리 되어 허공에 흩어진다

–앞으로 오세요
–사랑하고 싶어요

이 인 수

충남 부여출생
계간 《다시올문학》 신인상
동안문학회 회원
okings@hanmail.net

사랑 한다는 것 외 1편

김 영 규

누군가 그리워하면
콧노래가 음악이 되고
누군가 생각하면
생활의 수필이 되고
누군가 보고 싶어지면
내 얼굴도 지우고
떠올린 미소를 지워도
나의 생은 그림이 된다

예측할 수 없다
누군가 사랑하게 되는 일,
일상이 시가 된다는 말,
풍경으로 머무를 수 있다면
지상의 하루는
매일이 심연에 이르러
눈부신 길, 찾아가는 일

만남

애타는 기다림 속에
모처럼의 만남

두 눈 동그랗게 뜨고
할 말을 잊는다

탁자 마주하고 앉아
말없이 바라보며

서로의 얼굴에서
지나간 애달픔을 찾는다

하고 싶은 말 그리 많더니
말 한 마디 못하고

방망이질하는 가슴에
한없는 그리움이 흐른다.

김 영 규

전북 정읍 출생, 원광대학교 미술과 졸업, 개인전 7회, 한국 미협 천안지부 지부장 역임, 충남 미협 수석 부지부장 역임, 충남 시형회 회장 역임, 그룹전 및 초대전 약 300여 회, 캐나다, 체코 프라하 등 해외 전, 좋은 생각 이달의 작가 및 이달의 Feel 통 작가 선정, (현)한국미협 천안지부 자문위원,(현) 천안 상고 교사 k1953911@hanmail.net

폭포瀑布 외 1편

김 경 식

굴러야 해

무르팍 깨어지고 발목뼈 어그러져도
굴러야 해 상처가 아물면 더 큰 힘이 솟는 거야 자갈길이나 직각의 모서리,
한 길 넘는 바위도 굴러
굴러서 넘어야 해

지나치게 진지할 필요는 없어
한번 지나치면 그뿐 다시 돌아올 수 없는 시간
가볍게 튀어 올라 몇 차례의 공중회전
고공 낙하의 공포 앞에서 최대한 뻔뻔스럽게

굴려야 해 오래된 전설과 흐르지 않는 절벽,
바위 위에서 낭떠러지를 굴리고 수직으로 떨어지던 절망의 흔적을 굴리고
대대로 유전하는 추락의 트라우마
날려 버려야 해

바다에 닿으려면 본디
저의 빛깔로 천 년 만 년
시퍼렇게 살아 있으려면
두 눈 부릅뜨고
굴러야 해

굴려야 해

환절기換節期

겨울 햇살 말없이
유리창에 붙어 서서
간밤의 안부를 살피다 가고

마지막 고비일 터
금세 일어서리라고
여윈 손 쓰다듬고
병실을 나선 입들,

틀렸어 라는가
안됐어 라든가
낮은 음계의 서술어들이
문틈으로 새어들 때마다

고개를 저으며 한 움큼
화병의 안개꽃이
부서져 내리고

어린 입술에 흘려 넣는
늙은 어미 황망한
미음 한 숟갈

김 경 식

《다시올문학》 신인상(시) 《스토리문학》 신인상(수필),
수상집 『마음에 걸린 풍경 하나』 동인시집 『바람의 화법』 외
sj574@naver.com

수필

김정윤

나요당

최미경

최용호

철부지 소년

김 정 윤

문중門中의 기대 속에 삼대독자로 태어난 나는 가족들의 사랑을 독차지하면서 행복한 유년기를 보냈다. 그러나 아버지가 돌아가시고 가세가 기울면서 하루아침에 중학교 입학조차 포기해야 할 지경에 이르렀다.

나는 학업도 포기한 채, 인생의 꿈을 잃고 아침이면 교복을 입고 등교하는 친구들을 몰래 지켜보면서 점점 거친 성격으로 변해갔다. 청운의 꿈을 안고 살아가야 할 나이에 내가 관련된 싸움이건 아니건 천지분간 못하고 마치 곡예를 하듯이 싸움을 일삼으면서 아슬아슬한 시간을 흘러 보냈던 것이다.

그렇게 동가식서가숙東家食西家宿 싸움질을 일삼고 다니자 지서의 순경들은 하루가 멀다 하고 문안인사 하듯이 우리 집을 찾아왔고, 어머니는 마음을 잡지 못하고 방황하는 못난 자식 때문에 매일 가슴을 졸이면서 하나님께 눈물의 기도를 드리셨다.

나는 그런 나를 스스로 잡초 같은 인생이라고 생각했다. 잡초가 무엇인가. 들판에 서서 모진 비바람에도 결코 꺾이지 않는 강인한 생명력을 가진 것이 잡초가 아니던가. 게다가 잡초는 바람에 몸을 내맡기고 있으면서도 바람이 자는 때를 기다렸다가 자신을 성장시킨다. 모진 고난과 역경에도 굴하지 않고 때를 기다리는 끈기와 인내의 대명사가 바로 잡초인 것이다.

나는 비록 철부지였지만 내게 주어진 암담한 현실을 외면한 채 울분만 터트릴 수가 없었다. 자존심 강한 내 자아自我가 끊임없이 성숙해지라고 충동질을 해대고 있었다. 그리고 그 아슬아슬한 위기를 극복하기 위해 스스로 약속을 했다. 한겨울에도 냉수마찰로 몸을 단련시키면서 뼈아픈 상처가 덧나지 않도록 매만졌다. 그리고 매순간마다 반드시 살아남아야겠다는 집념과 의지로 혼돈의 시간을 이겨내려고 애썼다. 생각해 보면 피 끓는 청소년기를 나름대로 슬기롭게 잘 견뎌낸 것이다.

덕분에 나는 국내외에서 손꼽히는 신기술 선구자로서 세계적으로 인정을 받게 되었다. 매년 시행되는 '21세기를 빛낸 인물'에 선정되어 미국 링컨대학교가 수여하는 '최고경영인 대상'을 수상하기도 했으며, 미국 프레스턴대학교 주최 '기술인 대상'을 수상하는 영광을 안기도 했다.

이 모든 영광은 어린 시절에 닥친 시련과 고난을 잡초처럼 잘 이겨낸 나의 의지력과 어머니의 기도 덕분이다. 특히 어머니의 간절한 기도는 나를 성장시킨 원동력이었다. 하지만 지금은 어머니의 기도를 들을 수 없으니 마음이 아플 뿐이다.

다슬기와 반디

나 요 당

여중시절, 안경이 쓰고 싶어 이따금 안경을 쓰기 시작했다. 여고시절엔 안경잽이가 됐다. 지망 대학을 정할 때 사회봉사를 할 수 있는 농대, 법대, 의대 중에서 골랐다. 이과 문과에 모두 자질이 있어 보였지만, 내가 하는 분야에서 세계적으로 앞서가는 사람이 되기를 희망했던 당시였기에 의대는 안경을 쓰고 현미경을 들여다 볼 일이 마이너스로 생각되어 그 쪽으로 진로를 정하는 일은 일찌감치 제쳐놓았다(은퇴를 한 현재까지 신문이나 작은 글씨는 안경을 벗고 읽는 것이 더 잘 보이고 편한 것을 보면, 현미경을 맨눈으로 보아도 될 일이었다).

우학도인을 처음 뵈온 건 이십여 년 전 신문로 부근 단전호흡 도장에서이다. 제자들이 여는 일주일간의 연수가 끝나는 날 그가 나와, 옛부터 전해 내려오는 고유한 수련의 도를 전하기 위해 은둔생활을 끝내고 세상에 나오게 되었다는 것과 단전호흡의 중요성을 얘기해 주고 또 개별 상담시간을 할애해 주셨다. 시력에 관한 질문에, 다슬기가 밝은 눈을 위해 좋다는 말씀을 하셨다.

그 이후로 지방을 오가며 내륙 산간마을을 지나칠 때엔 다슬기가 주재료인 올갱이국을 즐겨 먹었다. 어둘 녘의

퇴근길에 노원 전철역에 내리면, 손수레 상인에게서 따끈한 갯고둥(바다 다슬기) 한 봉지를 사 들고 들어오기도 했다. 다슬기가 애반딧불이의 먹이가 됨은 한참 뒤에 알았다. 스스로 빛을 낼 줄 아는 반딧불이의 발광 능력을 실마리로 시력에 좋다는 건지?

반딧불이의 조상은 약 5~7천만 년 이전에 지구상에 나타났다고 한다. 한국산 반딧불이의 성충成蟲은 주로 6월에서 9월 사이에 출현하는데 6,7월에 그 불빛을 볼 수 있는 것은 애반딧불이이고, 8, 9월에 발광하는 부류는 늦반딧불이일 가능성이 높단다. 이들은 일년생이다. 번데기에서 벗어나 성충이 된 애반딧불이는 6월 중순에서 7월 상순 사이에 약 2주간을 산다. 배[腹部]의 뒤쪽 제2마디 앞뒤에 황백색의 발광기發光器를 가지고 있어 밤이면 깜박거리며 초록 불빛을 낸다. 이 불빛은 짝을 찾는 본능적 신호란다. 암컷은 6월 하순에서 7월 중순쯤에 맑은 물가의 이끼 위에다 좁쌀과 같은 200여개의 알을 여러 차례 나눠 낳고는 주변 풀숲에서 죽는다. 알들은 20일 후면 부화하여 유충이 된다. 애반딧불이의 유충은 상급수의 다슬기나 논우렁이, 물달팽이 등을 날카로운 큰 턱으로 물고, 큰 턱의 작은 홈으로 소화액을 주입하여 마취시킨 다음, 액체상태로 만들어 빨아먹고는 껍질 속에 들어가 이듬해 4월까지 수중생활을 하며 4월 하순부터 50일간은 땅속 번데기 집에서 머문다고 한다. 그러니 다슬기 잡기는 5월 이후가 좋겠다. 애반딧불이는 암컷, 수컷이 모두 날 수 있음에 비해, 늦반딧불이는 수컷만 날아다니며 늦반딧불이의 불빛이 훨씬 밝단다.

진晉나라 차윤車胤이라는 부지런하고 박학博學한 사람이 가난한 집안에서 성장하며 밤늦도록 공부할 당시, 등을 밝힐 기름이 부족하자 반딧불이를 여러 마리 잡아다 그 불빛을 이용하였다는 고사는 눈[雪]빛으로 책을 읽었다는 손강孫康의 예와 함께 형설지공螢雪之功 또는 형창설안螢窓雪案이라 하여 어려운 환경에서라도 열심히 배움에 힘쓰기를 권장하는 문구로 우리에게 익숙하였으나, 요즈음은 반딧불이의 존재가 환경 측도를 알려주는 것으로 새롭게 주목된다.

관광자원 개발로 도로가 새로 나고 주변에 위락시설이 들어서면 자동차의 불빛이 반딧불이의 야행을 방해하고 수질이 오염되어 개체수가 그만큼 줄어들게 된다.

1990년대에 중국 윈난성의 성도 쿤밍으로부터 통역인과 기사를 대동하고(당시엔 중국의 물가가 그만큼 쌌다) 모심는소리를 녹음하기 위해 지프차로 아침에 출발하여 산을 몇 개나 넘고 어두울 때 도착한 막사향漠沙鄕 태족촌에서 보았던 무수한 반딧불이의 난무亂舞는 어둠을 배경으로 그야말로 휘황찬란하고 화사한 작은 불꽃들의 제전이었다. 넓은 논 전체가 밤이면 온통 반딧불 천지가 되니, 그곳은 자연의 생태계가 잘 보존되어 있고 인간에 의해 덜 오염된 환경임을 새삼 느꼈었나.

반딧불이(개똥벌레, 반디, 갯띠 벌기, 둥까리)의 전승동요는

“갯띠벌기 똥-똥
우리 집에 불 없다

날래 와서 밝혀라"든가,

"반디야 쪽 쪽
거기 물은 흐리고
여기 물은 맑다"라며

드물긴 해도 몇 수 있는데, 그 먹이가 되어주는 다슬기 동요가 보이지 않음은 불공평하다. 1982년부터 지정보호 중인 설천면 소재 남대천 일원의 반딧불이와 다슬기 서식지를 중심으로 무주군의 반딧불이 축제에선 다슬기에게 고마움의 고사告祀라도 지내 주어야 할 것 같다. 사냥한 바다표범에게 감사와 미안함의 제를 올리는 이누이트처럼.

지난해 늦여름엔, 양산면의 운치 있는 금강 상류에서 바지와 소매를 훨씩 걷고 환히 들여다보이는 강바닥 모래 위나 돌 위에 기어오른 다슬기를 주우며, 한가로이 오후 시간을 보내는 여유로움이 참 고맙고 좋았다.

올갱아 올갱아
해 넘어 간다
돌팍 우에 올라라

나요당

본명은 이소라. 민요연구가. 철학박사. 2001년 수필집 『농요의 길을 따라』로 2010년 계간 《다시올문학》 수필 신인상 받음. 저서 『경기도 논맴소리 자료총서』 외 45권. minjokeumak@hanmail.net

열무이야기

최 미 경

가난한 집안에 시집을 간 정읍댁은 산비탈에 밭을 일궜다. 밭이랑보다 이랑과 이랑 사이 둔덕이 꽤나 넓었다. 정읍댁은 이 둔덕에 열무가 잘 자랄지 의심스러웠으나 버리는 심정으로 재를 뿌리듯이 열무씨를 뿌렸다. 헛일 삼아 뿌린 씨앗이 파랗게 올라오는가 싶더니 제법 탐스런 열무밭이 되었다. 오가는 동네 아낙들마다 한마디씩 탐내는 소리를 해댄다.

"정읍댁! 참말로 신통도 허요. 아 둔덕에 씨 뿌릴 생각을 어찌 했을까!"

지난 장에 차부에서 열무 한 단에 2천 원 하더라는 사촌동서 얘기에 정읍댁은 열무를 내다 팔아 보고 싶은 맘이 굴뚝같았다. 열 단은 너끈할 것 같지만 푸성귀를 내다 팔 용기를 내지 못했다. 시어머니와 밤늦도록 열무를 다듬어 내다 팔 요량으로 깨끗한 짚을 꺼내 얌전히 묶었더니 열 단이나 되었다. 열무를 다듬으면서 시어머니는 정읍댁에게 걱정스런 이야기를 하였다.

"아이고. 네가 이거 팔고 오겠냐? 열무 사쇼! 한 마디면 되긴 할 건데. 네 입이 떨어질런가 모르겠다. 입이 안 떨어지거든 잠자코 있어라. 아마도 밥장사들이 먼저 달라고 할 것이다. 그때 가서 얼마요 하고 말해도 늦지는 않을 게나반."

시어머니가 당산나무 지나 탑거리까지 어두컴컴한 새벽 배웅을 해 주며 한마디 거들었다.

"도둑질 해다 파는 것도 아닌데 뭣이 부끄럽냐? 얼굴에나 양반집 딸이요 하고 써 있냐? 죽은 사돈 영감이 도포자락 휘날리고 달려들 것이 아니니 걱정 말아라. 네가 공들여 열무를 키워서 거둔 것이여."

그날 밤 체기로 밤잠을 못 이루고 부엌에 쪼그려 앉은 정읍댁에게 소금 한 줌을 쥐어 주며 시어머니가 물었다.

"열무 팔러 가서 뭔 일이 있었냐? 누구 아는 사람이라도 만났냐? 양반집 딸이 없는 집에 시집와 열무 한단 팔러 가서 단단히 병이 생겼구나. 뭔 일이냐? 얼굴이 백지장같이 허옇구나."

정읍댁은 참았던 울음을 터뜨리며 말하였다.

"아이고. 어머니. 가자마자 열무가 참말로 연하고 달다고 사람들이 환장을 하고 사가겠다고 달려듭디다. 그런데 한 여자가 떡 나서더니 돈 만 원을 주면서 다섯 단을 산다며 식당으로 들어다 달라고 했지요. 그러려고 일어나는데 너도 나도 2천 원씩 던져 놓고 한 단씩 사 갖고 내빼 버리지 뭐여요. 이미 돈을 받고 팔아 논 열무를 본의 아니게 다시 팔아 버렸으니 갖다 줄 열무는 없고 그 돈을 갖다 줘야 되는데, 사정 이야기를 하면 식당 아주머니에게 뭐라고 한소리 들을 것도 갖고 돈도 욕심이 났는지 내가 그 돈을 갖고 그냥 내빼서 와 버렸소. 가슴이 두근두근 떨리고

나 죽겠소."

시어머니는 울며 하소연하는 며느리를 내려 보다가 허리를 굽혀 정읍댁 어깨를 다독이며 달랜다.

"아이고 야야. 네가 순간 뭣에 휩싸였는가 보구나. 네가 그럴 사람이 아닌데. 너무 콩닥거리지 말고 내일이라도 읍에 나가서 식당 아주머니에게 돈을 갖다 주면 그뿐이다. 내가 가마. 내가 네 사촌 동서랑 갔다 오마. 돈은 다 써버렸냐? 어디 숨겨 놓았냐?"

정읍댁은 떨리는 손으로 숨겨 둔 지폐 몇 장을 시어머니 손에 쥐어 주었다. "아이고. 양반집 딸이라고 외방 여자들하고 말도 안 섞는 네가 처음으로 장사라고 나서서 혼을 빼버렸구나. 괜찮다. 네가 훔치려고 작정한 거 아닌 바에야 두 다리 쭉 펴고 못 잘 것 없다. 내일 당장 네 사촌 동서랑 돌려주고 오마." 시어머니는 쪼그려 앉아서 정읍댁등을 연신 쓰다듬었고 정읍댁은 부지깽이로 아궁이를 맥없이 뒤적이는 밤이 깊어가고 있었다.

최 미 경

이어도문학회 회원

제주인 인터넷신문 편집국 차장 역임

이어도연구회 사무국장

banma@paran.com

금메달 인생

최 용 호

누구에게나 인생의 큰 전환점이 있기 마련이다. 내가 세 살이 되기도 전에 나의 인생의 전환점이 되는 일이 일어났다. 눈이 많이 내리던 겨울 날 어머니가 나를 등에 업고 외출을 나가다가 계단에서 미끄러지면서 계단모서리에 부딪혔다. 그 충격으로 어린 다리뼈가 비틀어져서 나는 장애인으로 성장하게 되었다. 아파서 우는 아이를 병원에 데려가서 적절한 치료를 받지 못한 이유는 가난하였기 때문이다. 며칠만 지나면 괜찮아지게 될 것이라고 부모님은 생각하셨을 것이다. 그러나 그때 다리뼈가 틀어져서 장애가 생기고 만 것이다. 사람의 운명이 바뀌는 것은 순간이라지만 참으로 어이없는 사고로 장애를 짊어지고 살아가게 된 것이다. 장애인이 되어 세상을 살아간다는 것은 결코 쉽지가 않았다. 어린 시절 거리를 지나가기만 하여도 "졸락이 지나간다." 라는 소리와 함께 웃음소리가 들려왔다. 세상의 놀림거리가 된 것만 같았다. 나는 화가 치밀어 돌을 주워서 놀리는 애들에게 던진 적이 있었다. 하필이면 한 아이가 그 돌에 정통으로 머리를 맞아서 피를 흘리며 쓰러졌다. 머리 다친 애의 부모가 쫓아와서는 모진 욕지거리와 함께 마구 따귀를 때렸다. 지금도 지난

일을 생각하면 너무도 가슴이 아프다.

나의 유년 시절도 고통스러운 날들이었지만, 성인이 되어서도 생활에 많은 제약을 받았다. 나는 운전면허를 1987년에 취득하였는데, 그 당시만 해도 국가에서는 장애인이 운전을 한다는 것에 대한 편의를 제대로 제공하지 않고 있었다. 운전면허를 취득하기까지 겪은 마음고생도 엄청나다. 병원에서 신체검사를 받고서 2종 보통에 한함이라고 쓰여 있는 응시원서를 제출하였다. 필기시험에 합격하자 면허시험 담당자가 부산 면허시험장에 설치된 운동능력측정기의 테스트 합격 서류를 가져오라는 요구를 하는 것이었다. 제주도에 살면서 운전면허를 취득하기 위해 장애인이라는 이유로 서울이나 부산에 가서 운동능력측정기의 테스트를 받으라니 무척 화가 나서 항의를 했지만 어쩔 수 없다는 대답을 듣고 가슴만 답답할 뿐이었다. 할 수 없이 부산 강서 면허시험장에 가서 운동능력 검사증을 받아 가지고 와서 기능시험에 응시를 할 수 있었다. 기능시험에 합격하던 날, 하늘에서는 하얀 눈이 펄펄 내렸다. 그날 내리는 눈은 너무나 아름답게 느껴졌다.

운전면허를 받은 후 자신감이 생겨서 생활에 활력이 생겼다. 장애인으로 생활하면서도 열심히 가구 제작 기술을 연마하였다. 나는 손재주가 있어서 1997년에는 전국장애인기능경기대회 가구 제작 직종에 출전하여 동메달을 획득하는 영예를 얻었다. 그리고 그 후부터는 장애인 체육에 관심을 가지고 볼링 종목 선수로 활동을 하고 있다. 처음 출전한 포항 전국 장애인 볼링대회에서는 긴장을 많이 한 탓으로 5위에 만족해야만 했다.

2008년 광주체전에 출전했는데 개막식 연습을 너무 많이 하여서 그만 몸살이 나고 말았다. 게임에 나섰지만 몸살 기운으로 볼링공 들고 있는 것 자체가 힘겨웠다. 좋은 성적을 내지 못하였다. 나는 함께 간 임원들에게 얼굴을 들 수가 없어서 서둘러 혼자서 제주도로 먼저 내려와 버렸다.

2009년도에 다시 볼링선수 선발전이 있어서 경기를 하였는데 다행히 제주도 대표선수로 뽑혔다. 도 대표가 된 후 볼링공의 무게를 13파운드에서 14파운드로 올리면서 볼링공을 2개나 구입하여 열심히 연습을 하였다. 2009년도 장애인 체전은 전라남도 목포에서 열렸다. 경기 2일 전부터 볼링장 근처를 배회하며 시간을 보냈다. 2009년 9월 22일 볼링종목 2인조에 출전하여 나는 4게임 총점 805점을 얻고 함께한 강지훈도 753점을 얻어서 2인조 게임에서 금메달을 목에 걸 수가 있었다. 3년 동안 마음고생이 심해서 일순간 감정이 복받쳐 눈물을 흘리지 않을 수 없었다.

정말 어린 자녀들에게 장애인 아버지지만 노력하는 삶을 보여주고 싶었는데, 금메달은 나의 염원을 보여 주는 것이었다.

나는 "뜻이 있는 곳에 길이 있다"라는 말을 신조로 삼고 열심히 살고 있다.

최 용 호

제주산업정보대학 졸업

이어도문학회 회원

다시올작가회 · 전망 2집

느슨한 저녁

초판인쇄 2013년 12월 15일
초판발행 2013년 12월 20일

지은이 | 김경식 외
발행인 | 김영은
디자인 | 박지혜

펴낸곳 | 다시올
출판등록 | 제 310-2007-00028
우편 | 139-050
주소 | 서울 노원구 월계동 382-55(중앙빌 2동 1호)
전화 | 070-7431-5941
팩스 | 031-855-5941
메일 | maxim3515@naver.com

ISBN 978-89-94414-45-4 03810

정가 9,000원

* 이 책의 제작비의 일부는 부천시 문화예술진흥기금을 지원받았습니다.